JN437937

하늘의 말씀에 밑줄을 치고

정지홍 시집

을지출판공사

❙ 작가의 넋두리 ❙

시가 읽히지 않는 세상에 시집을 냅니다.
읽히지 않는 시를 쓴 시인의 책임입니다.
책임 앞에 용기를 내니
어리석기 짝이 없다 싶습니다.

가진 것이라고는 세상에 감사하는 부채 뿐!
무소유 가는 길에 실없이 번뇌를 남기니
이 또한 어리석음입니다.

한 편의 시라도 읽혀
감동이 전해진다면 하는 기대 뿐……

한 마디 하라 하시면
그때서야 부끄럽게 한 문장 아뢰겠습니다.

2022년 가을에

정 지 홍

차례

■ 작가의 넋두리 · 3

제 1 부 _ 비의 왈츠

사람 사는 것 _ 12
삼각형 _ 13
장구를 깁다 _ 14
나 밥 푸요 _ 15
가을의 기도 _ 16
비의 왈츠 _ 18
테스 형 _ 19
나그네 _ 20
달빛 살라 먹고 _ 21
구구단 _ 22
아버지 _ 24
창 _ 25
잡초의 아토피 _ 26
QR코드 _ 28

Contents

말년 _ 29
말리리 먼놈 _ 30
청개구리 사모곡 _ 31
비가 오는 여름날 _ 32
달팽이 가듯이 _ 34
명태 _ 35
차별해 주소서 _ 36
길 _ 38
파문 _ 39
수레바퀴 _ 40

제 2 부 _ 너와 나 각도기

나무처럼 _ 42
청룡열차 _ 43
장마당 _ 44
모과 _ 45
정직한 기도 _ 46
가을 길 따라서 _ 48

Contents

고드름이 글을 쓰면 _ 49
산림조합 _ 50
중앙선 _ 51
너와 나 각도기 _ 52
가을날의 독백 _ 54
청운사 _ 55
추모사 _ 56
경전 _ 57
기도 _ 58
닭 쫓던 개 _ 60
모돈 _ 61
산중 묵언 _ 62
바람 _ 63
겨울새 _ 64
귀거래사 _ 65
사행천 _ 66
어떤 가불 _ 67
탈춤 추는 날 _ 68
우럭 _ 70

Contents

제3부 _ 꼭짓점 포차

새봄에 _ 72
더듬더듬 _ 73
뿌리 _ 74
목련화 _ 75
나의 자리 _ 76
칠월 밤에 _ 78
공감 _ 79
난蘭 치는 여자 _ 80
손자 _ 81
시간의 뒤란에서 _ 82
물가에 대하여 _ 84
법화경 _ 85
내 마음 가끔 _ 86
그때까지 _ 87
저승길 _ 88
봄동 _ 90
바리새인 _ 91
봄날 하루 _ 92
반송된 택배 _ 93

Contents

꼭짓점 포차 _ 94
스치는 _ 96
분재 _ 97
석수의 허파 _ 98
연리지 비익조 _ 100

제 4 부 _ 누가 주인인가

귀로 _ 102
줄탁동시 _ 103
문워크 _ 104
부엉이 바위 _ 105
신의 침묵 _ 106
소꿉살림 _ 108
제행무상諸行無常 _ 109
소풍 _ 110
하늘나라 입국 심사 _ 111
팽목항 _ 112
서산 제 일봉 _ 114
누가 주인인가 _ 115

Contents

고드름 _ 116
미로 _ 117
바코드 열세 자리 _ 118
미납 고지서 _ 119
팽목항 이야기 _ 120
내가 더 행복해 _ 122
옹헤야 _ 123
상소문 _ 124
이랑에 농심 _ 126
헌 집 줄게 _ 127
술김에 혁명 _ 128
팜므 파탈 _ 129
장마 _ 130

제5부 _ 오월의 기도

이슬 _ 132
웨딩 _ 133
오월의 기도 _ 134
와불 _ 136

Contents

이유 _ 137
요람에서 무덤 _ 138
자벌레 _ 140
누구나 아는 어려운 _ 141
저승 고스톱 _ 142
동박새 _ 144
화왕산 억새 _ 145
지수화풍地水火風 _ 146
도피성 _ 147
제일 긴 여행 _ 148
광어와 도다리 _ 149
깃발 _ 150
지평선 축제 _ 151
비밀번호 _ 152
깡촌 _ 154
실어증 _ 155
금강산도 식후경 _ 156
그 음악을 들으면서 _ 157
물 같은 사람아 _ 158

제 1 부

비의 왈츠

수직의 음률이
반사되는 노천의 공연
느티는 고래처럼 푸른 분수를 뿜고
풀은 분수에 머리 감는다

사람 사는 것

사람 사는 것이 강과 같아
개울을 거쳐서 큰 강 되듯
요란한 청춘 보내고 입이 무겁네
사람 사는 것이 산과 같아
물길 내어 주고 깊어지듯
자식 공양 청춘 후로 입이 무겁네
입이 무거우신 어머니

강에 돌 던지듯
들에 오줌 누듯
'엄마처럼은 살지 않을래' 했더니
'너 같은 자식 낳으면 나같이 산다' 하시던
당신 같은 자식 둔 어머니
깊은 골에 드리운 별
너른 강에 비친 하늘
증손 어르는 소리 요란하시네.

삼각형

구르지 못하는 몸뚱이가
눈물이 있으면 살지 못하는
그래도 살기를 꿈꾸는 몸뚱이가
눈물을 감추고 울고 있다
눈물이 이야기를 하는 순간
살고 싶다고 이야기 하는 순간
삼각형 모난 몸에 조롱은 더해
폐타이어 조각
팔꿈치에 발목에 달고
기며 기며
대중가요 부르며 가고 있다
토룡 발자취
슬픈 메아리 듣는 이 없나.

장구를 깁다

가죽과 가죽 사이
매질 당한 소리가
둥 둥 운다
공간을 깁은 방에서
목청 다듬은 침묵이
공명하는 소리

북편과 채편
궁굴채 열채 소리해도
조이개 풀리면
공명 없는 장구통
가죽과 가죽 사이 줄을 걸고
쿵 따닥 쿵 따닥.

나 밥 푸요

맹물에 간장 풀어
헛배 채우는
오월 장독대
보리밥에 간장종지
소반에 개다리 마른 개다리

빼꾸기 빼국빼국
산비둘기 쑥국쑥국 배고픈 오월
이팝나무 아래에 호미 놓으니
고봉에 흰쌀밥 너울치는 봄바람
아 아지랑이 현기증
엄마 오소 나 밥 푸요.

가을의 기도

이젠 두 다리로 걷게 하소서
발아래 마른 풀도 보게 하소서
눈 들어 나무들의 뼈도 보게 하소서
쉬엄쉬엄 걸으며
이런저런 생각들 정리하게 하소서
열린 귀를 주소서
어린 마음을 주소서
받은 사랑 나누게 하소서
오늘의 처지가 곤경하다 하여도
비겁하지 않게 하시고
포장하여 마음속임 않게 하소서

한 권의 시집을 사서
시인과 함께 느린 기차를 타게 하소서
구불구불 굽은 길 지네발 둥근 다리로
나란히 가게 하소서
낯가림 없는 사람들 오르내리듯

내려놓는 마음도 다짐하는 마음도 편안한
그런 이야기 나누게 하소서
시집을 사면서 덤으로 산
시인의 사색을 손잡은 가을
기도를 깊게 하소서.

비의 왈츠

호미는 처마에 걸려
삽은 벽에 기대어 얼굴을 씻는
비 내리는 날이면
날짐승 들짐승 자취 없는 고요에
들은 일어나
비와 왈츠를 춘다
수직의 음률이
반사되는 노천의 공연
느티는 고래처럼 푸른 분수를 뿜고
풀은 분수에 머리 감는다
어디서 바람 한 줄 들면
흔들리는 공간
이렇듯 비 내리는 날이면
춤추는 들을 마주해 생각하거니
느티의 나이는 몇일까
풀의 환생은 언제까지일까?

테스 형

사립에 맨 강아지 목줄 풀었더니
온 마당 구구석 활기가 넘치는데
아침에 넥타이 일없다 풀었더니
뼈마디는 욱신대고 가슴은 욱시랄

허리띠 졸라매는 노동을 가엾다가
풀어놓은 넥타이로 허리띠 삼으니
하루가 구만리요 가는 길은 언덕길
욱신에다 욱시랄 세상이 이런가요.

나그네

개울에 몸 담근 자갈이 되어
개울개울 노래를 하자

길섶에 오방색 코스모스 되어
하늘하늘 키를 높이자

나그네로 가자 하니
온 세상이 벗이구나

허공에 구름이야 얼굴 한번 뵈어 다오
허공에 바람이야 가슴 한번 열어 다오

개울개울 하늘하늘
나그네 한 마음 시나브로 가는 길.

달빛 살라 먹고

임은 오늘 그뭄?
나 그러면 달을 본다
삭망 오가는데 열닷새면
기운 달도 차노니

임이 오늘은 보름?
나 그래서 달을 본다
달빛 살라 먹다 열닷새면
보름이 그뭄 되려니

임아!
그러니 총총 별빛에 침실을 엮어
삭망 오가는 저 달을 불러
계수방아 찧을시고.

구구단

어머니는 아흔둘
내 나이는 예순넷
오늘은 비둘기 가족
구구단을 하는 날
한 끗 패를 찾아
판을 헤집는 닭 보고
어머니 그리 마소
복을 흩어 뒤집는다는
그 닭이 나 아니지요
구구는 구
구구구
어머니 구구단은 비둘기 구구단
나 보세요
구일은 구
구이 십팔
구구 팔십일
내 나이 팔십일이면 나도 비둘기
건강하게 오래 사세요

내 나이 팔십일
비둘기 유치원 입학식까지.

아버지

푸른 춤사위
바람과의 댄스가 흥겹다
마른 가지 어제더니
새순 돋아 별의 손을 잡더니
벌써 추운 겨울에 옷 벗어
땅 속 뿌리를 덮어
다시 새순 받는 꿈에 든다
옷을 벗어
뿌리를 덮어 본 적 있는가
아버지
아버지를 덮어 본 적 있는가
바람이 쓸고 간 가슴
회오리에 눈이 아리네.

창

창을 열면 행복해
맑고 신선한 아침
소란을 재우는 저녁 공기
느린 걸음과 기지개로 오는 기쁨을
뜀박질로 만나자 했으니
숨가쁘지

창을 열어 봐
작은 새 한 마리
지친 날개로 창틀에 앉아
힘을 모으고 있어
날개 접고 꿈을 꾸는 새처럼
내일을 품기 위해 큰 숨 쉬어야지.

잡초의 아토피

검은 비닐보가 씌어져
생명이 양육되는 이랑에
나도 뿌리 내릴 생명 있으니
매나니라도 달라며 찾아온 풀씨
명부에 없다고 쫓겨나
변두리 고랑에서
부스러기 햇볕과 헐벗은 흙을
주워 담아 삶을 부렸다
잡초라는 이름으로 자립한 어느 날
낫도깨비 예초기에
발목을 내어 준 몸이
도마뱀 잘린 꼬리처럼 펄럭인다

잡초를 매지 않으면 잡초의 세상
변두리 잡초의 집터에
제초제가 뿌려진 그 다음날
몸을 긁고 있는
목 타는 풀의 항소를 들었다

최루의 연막에 묻힌
광장으로 내몰린 민심
불복하며 돌을 던지듯이
제초에 시드는 목숨
아 어떻게 해야 하나
손이 닿지 않는 저 등의 아토피
펄럭이는 꼬리를.

QR코드

마트 진열대
원산지는 어딜까
이력은 무얼까
찰칵 QR 찍으면
소고기는 이년생 호주산
생선은 후쿠시마 일본산

거울 앞
QR 찍는 매일 아침
또 하루 면접을 위해
매무새는 다듬고
얼굴은 펴고
혀는 "은" 하여
웃는 얼굴.

말년

바람 불어 일던 먼지
내린 비로 맑은 하늘

시름 근심 세상살이
명상 사색 맑은 마음

백발성성 남은 시간
어린 아이 목마 되니

회한 세월 아쉬움도
희망 기쁨 경사롭네.

말리리 먼놈

복사꽃 고운 봄날
뽀오얀 허벅지
걷어 올리는 바람 바람에
하이고
어떻게 어떻게……
어찌 좀 해 봐
엉덩이 빼고 치마폭 움켜쥔
그 뭐냐 말리리 먼놈처럼

봄바람에 바람난 봄은
남자들 꿈의 신전
치마 속 상큼한 향기로
무시로 드나드는 바람은 좋겠네
엉덩이 빼지 마소
남자들 환장한당게
뭔 노파심
말카 흙먼지에는 눈 감았다.

청개구리 사모곡

소롯길 넓히던 내 젊은 날 보이지 않는
낟 알갱이 탐하는 까마귀 어지러운 들에서
차마 떠나지 못해 해설픈 고라실 초가

지치고 굶주린 뱃구레 졸라매며
서러움 달래고파 우물에 박을 내려
핏줄의 꿈을 끝없이 퍼 올리신 어머니

굽은 허리 곧추세우니 한숨만 일어
언덕을 넘어가는 청개구리 울음이
때늦은 회억임을 이제서야 압니다

갈바람에 어거리 햇살 알알이 담으며
긴긴 기다림에 마냥 마냥했을 어머니
청개구리 사모곡이 슬프기만 합니다.

비가 오는 여름날

빈 집에 열린 사립문
황토 마당에 병아리 놀고
삽살이는 일 없다 졸고 있다네
화단의 봄꽃
꽃 지고 잎 푸르러 키를 키우니
계절은 자연의 재판소라네

비가 오는 여름날
한 지붕 한 살림 오랜만이네
새벽별 저녁달 아버지도 한자리
헤진 양말 바느질로 어머니도 한자리
삶은 감자 소반에 오누이도 한자리
심지 올린 호롱불 신이 났다네

재판소에 판사 판결하기를
비 오면 비 피하고
해 뜨면 일 나가라
함석지붕에 빗소리 좋구나

병아리 아니 뵈고 삽살이도 안 보여
마당 고인 물에 동그라미 좋구나.

달팽이 가듯이

달팽이 가듯이
그렇게 갑시다

쌍뿔에 갑옷 입고
비단길 가듯

이슬 젖은 풀잎에
수저를 걸고

쉬엄쉬엄 갑시다
달팽이 가듯.

명태

너덜바위 인생사로
부침 많은 세상살이
북어포 찢어 들고
소주병에 쓰라린 속
얼다 녹은 애간장 황태국을 마시니
명태야 명태야
동해물에 몸을 씻어
속살 하얀 명태야
큰 칼 스쳐 간
덤벙 무 속살 만나
설설 끓인 이야기야
살아 명태요 죽어 생태요
얼어 동태요
얼다 녹다 부풀어 황태요
고슬고슬 코다리 꼬들꼬들 북어로
속풀이에 왕중왕
명태야 명태야
동해물에 몸을 씻어
속살 하얀 명태야.

차별해 주소서

시련이 오면
그 시련을 넘기 위해
봄날 같은 희망을 만나기 위해
기도는 뜨겁고 영혼은 엄숙하다
감사하는 마음을 가지는 하루마다
어둠을 견디는 은혜
넘어지고 일어서지 않는 삶이 있을까
숨 쉬는 감격으로
빛과 함께 노동을 하고
어둠과 함께 휴식을 하니
이 아침
어둠에서 잠 깨지 못하는
시련의 병마, 이별, 좌절……
고통 받는 이웃과 세상에
중보 하오니
이 기도를 자별하여 주소서
시간 시간마다 치유로 회복되는

희망의 씨앗이 되어
봄꽃 피는 계절이 오게 하소서
감사로 증거 되게 하소서.

길

밥상머리 교육이야
세상사의 으뜸이지
할아버지 가신 길
아버지도 가시고

이 길 가라 저 길 가라
길이 어딘가
기웃기웃 기웃대다
지나버린 밥상머릿길.

파문

비단 호수에
접시꽃 꽃잎이 졌습니다
그 사랑의 맑은 말이
동그라미 파문을 그립니다
사람 사이에
빗금들이 참 많습니다
나만 동그라미라고
남들은 모가 났다고 떠들다가
사선의 비탈에 섰습니다
저 선이 서서 벽 되기 전에
저 선이 누워 단념하기 전에
접시꽃 되어 달을 보렵니다
세상은 달과 같아
보름에서 그믐으로 오가면서
그늘진 나에게
그리움을 줍니다
파문을 키우자면
발돋움 접시꽃 되어
달을 더 바라봐야 하겠습니다.

수레바퀴

오늘에 앉아
어제를 생각하고
내일을 예측하니
수레만 가네.

제 2 부

너와 나 각도기

골짝 개울처럼 조잘대던 이야기
무슨 이유로 원망도 없니
말도 없고 글도 없는
너와 나 사이
지금의 각도는 얼마일까

나무처럼

나무처럼 살 일이다
저 푸른 나무처럼
비에 얼굴을 씻고
태풍에 뼈를 키우고
해 쨍한 날이면
겸손히 밭을 갈면서
누구의 그늘이 되었다가
보금자리 되었다가
열매면 열매
꽃이면 꽃
지어진 이름대로 살 일이다
하늘 아래 팔 벌려
떳떳하게 푸르른
나무처럼 살 일이다.

청룡열차

용의 등에 앉아
허공에 하루를 그린다
몸 뒤틀어 하늘 가는
소용돌이
틀어 짜내지 않으면
승천이 없을
백열등 아래 불가마에
처마 없는 노동판

털갈이가 꿈인 청룡열차
인력시장 비 오면
탈선을 한다
막걸리에 취한 노동
망치 놓고 펜을 잡아야지
아이들아 우리 집 가훈은
'비 오는 날 쉬는 사람 되지 말자'
용이 쿠룽쿠룽 코 곤다.

장마당

아기 돌려 안아
젖 물린 어미

젖먹이 투레질
헤진 포대기

좌판 산나물도
종일 해동갑

장마당 좌판대
투루투루 투레질.

모과

모과나무
미끈한 목덜미에 얼룩 반점
원시림 뛰노는 얼룩말 닮았네
곧은 목 처연히
단풍 드는 산을 보며
묵묵 향기를 품네
세상 열매에 새들 모이고
새들 모이질에 씨방 터져도
쓴맛에 갑옷 홀로 곰삭혀
묵묵 고독을 품네
까마귀도 길을 잃는
눈 내리는 밤
무릎 밑 이부자리 속살을 빗어
찻잔 더운 물에 몸을 담그네
뜨거운 향기
임의 두 손 감싸 안으니
오는 눈아 내려내려 무릎까지 덮어라
얼룩말 올라탄
향기로운 밤이니.

정직한 기도

신이여
신께서 신실한 종 되기 원하는
신의 종은 신실보다 먼저
신의 권능과 은혜를 간구합니다
하고 싶은 것 하지 마라 마시고
하기 싫은 것 하라 마시고
그저 먹고 마시고 놀게 하소서
저의 욕심에 반석이 되시고
고집에 기둥이 되어 주시고
자존심에 은분 칠을 하여 주소서
그리하여
저의 위상이 신처럼 높아지면
신처럼 낮아지지 않게 하소서
신의 뜻을 따르다
고난에 들지 않게 하시고
귀를 어둡게 하고
마음을 두껍게 하소서

신의 음성을 듣는 위험한 경험
하실 수 있거든 피하게 하시고
하실 수 없거든 부르지 마소서
신의 권세는 주시고
신의 환난은 거두어 주소서
하늘의 문은 열어 두시되
땅의 영화가 영원케 하소서
이렇게 신의 권능과 은혜로
저를 부유하게 하셨으니
저를 보는 누구인들
신 앞에 신실하지 않을 수 없겠나이다.

가을 길 따라서

단풍 낙엽 져
비단 펼친 포목거리
녹음 아래 부채질하던 여름은 어디 갔나
비단폭에 가을 햇살
헐거운 뼈 그림자 그리니
가죽 버리고 살도 버리고
홍단풍 한 필 청단풍 한 필
자벌레 가네
한 자 한 자 필을 접으며
일보 전진
일보 전진
앞날의 그림자 오체투지.

고드름이 글을 쓰면

빈 유모차 밀고 노인이 간다
풀이 마르고
꽃 지고 꽃대도 스러진다

가고 또 오는 봄
고드름이 글을 쓰면
대지도 젖어 글을 쓴다

풀이 일어나고
꽃 피고 잎이 일어난다
유모차에 옹알이 아이 웃는다.

산림조합

석물 넉넉하고
곡장에 담장도 뚜렷하니
살아서 대가는 되었겠구나
망주석에 이끼 돋고
비석에 흐린 글
봉분 잡초가 경을 치고 앉았으니
자손의 돌봄이 민망하구나
이 시절에 효자는
산림조합 벌초 대행이라니
돈이 자손 노릇 하는구나
이러구나 저러구나 돈이다 돈
빠듯한 하루하루
대접에 소주 따라
돈이 산림조합이다
돈이 자손이다.

중앙선

나는 가고
너는 오는 길
노란 실선 사이에 두고
우리들의 약속은 하나

네 오던 길 내가 가고
내 가던 길 네가 오는
더운 밥상에 아이 웃음 기다리는
저녁 귀갓길

마주 보고 오가는
우리들의 약속
노란선 넘지 마
밥상에 아이 키우기는 매한가지.

너와 나 각도기

너와 나 사이
각도는 얼마일까
불같던 열정 식어진 지금
정의 온도는 몇 도일까
살며 살며 중심을 잃어
사랑하다 미워하다 연민하다
너 앞에 나는 이렇게 식고
기다리다 기다리다
나 앞에 너는 그렇게 식어
다림질 깨끗했던 앞 고름
주름이 깊다
골짝 개울처럼 조잘대던 이야기
무슨 이유로 원망도 없니
말도 없고 글도 없는
너와 나 사이
지금의 각도는 얼마일까
불씨 없이 깊어 가는 민망한 밤

이 밤의 온도는 몇 도일까
꼭짓점 나란한 180도
온도가 궁금한 밤이다.

가을날의 독백

여름이 식어
스치는 바람에 뼈가 아리다
한때는 달리는 바람에 돛도 걸고
성난 파도에 닻도 올렸는데
돌아와 조용한
독백.

뽕밭의 검버섯은 약재로 가고
은행은 잎 지고 잔고는 없다
팽팽한 시절에
골골 깊어져 주름 진 인생
여름 경전을 펴고
이제는 되고 중…….

청운사

새벽경 낭랑한 청운사지에
한낮 다비장 열기 맺힌
물사리 공양하는 백련보살들

나고 죽는 것이 하나다
흙탕물도 법당이다 백련꽃 피고
이슬염주 굴리는 연잎 새벽경.

* 청운사 : 김제 청하면 소재

추모사

끊는 애埃를 끊어
나무 되고 풀 되면
생사가 뜻이 없으리
생사의 경계를 지우고
바람이 되고 구름이 되면
영생도 윤회도 뜻이 없으리
헛되고 헛되다
애끓는 이별
남은 자 추모도 죽은 자 유물도

회오리 이는 막걸리
한 잔 쭈욱 하시게
먹먹한 목 넘김
자 이제
지난날 아닌가.

경전

등골에 땀
엄청시리 빼어 가더니
그래도 양심은 고와

골골 찾아온 처서에
새벽이면 맺힌 물사리로
들도 고개 숙이네

검버섯 어머니
절기는 가을이 제일이지요
이것 고기찬도 드세요

잘난 놈 못난 놈 구별 없이
늙어 단풍 되고 나서야
어머니 찬이 되고 이불 됩니다.

기도

빛을 위하여 어둠이 존재하는 줄 알았는데
오늘은 영영 어둠이라 어둠을 위한 빛임을 아오니
이 어둠에서 건져 주소서
빛에 드러난 어둠을 회개합니다
칼같이 다듬은 혀로 화살처럼 내쏟은 말
서로 어깨 하여 악을 도모하고
올무를 놓고 묘책을 찾았다 하였으니
넘어진 자의 요란이 상달 되겠습니다
옳고도 큰 자의 오른손이 어디 있겠습니까
환난의 땅에서는 풀이 돋고
풍요의 땅에서는 씨들이 마르니
땅의 공의가 하늘에 있습니다
허물을 벗고 새 옷을 입은 독사가
어찌 독이 없겠습니까
마른 씨에서 생명의 싹이 돋겠습니까
오로지 마음의 중심을 보시는 신이시여
오늘 어둠에서 깨쳐 두려운 빛을 찾으니

빛으로 어둠을 경계하게 하시고
부드러운 혀와 정직한 마음을 주시어
성찰로 통곡하는 마음 자랑되게 하시고
세상 즐거움이 높은 곳에 있음을 알게 하소서.

닭 쫓던 개

병아리 탁발 가는 길
걸음은 더디고 경전은 무겁고
끄떡 끄떡 콕 콕
황토마당에 목탁 치누나
해는 중천이고
그림자도 그늘에 쉬는데
민망한 견공아
밥그릇 쇠파리에 손사래만 칠 일이지
어찌 날뛰어
불전이 소란하냐
삐약삐약 포드득
처음 듣는 경이로다.

모돈

설설 끓는 뚝배기에
살코기 넉넉한 뼈 해장국
맛있다 맛있다던 어머니
옆자리 모시고 시골길 가는데
공짜로 돼지등뼈 준다고
육가공공장에서 건 현수막에
"저 뼈 얻어다 해장국 해먹자"며
펄럭이는 어머니 호기심

새끼 몇 배 뺀 어미돼지
질기고 맛없어 공짜라고
말을 해 드려 말아 하며 민망한
나는 누나 다음 둘째이고
아래로도 둘 더 낳고
숭숭한 골다공증 쑤시는 삭신
다음에 그러자고 바쁘다 핑계 대는데
행복요양원 펄럭이는 현수막.

산중 묵언

책력도 없는 산중에
넥타이 풀어 허리띠 했으니
허리띠론 무엇을 하누

구름은 구름, 달은 달
무심히 눈 내린
고즈넉한 겨울 산에

억만년을 살아도 집 한 채 욕심 없이
마른가지 입에 물고 바람은 노래를 한다

하얀 산중에 책력도 없어
소한인가 대한인가 눈은 내리고.

바람

요놈 저놈
잘 크라 머리 쓰다듬다가
겸손하라 매를 들기도 하였지
열매 익어 씨방 터질 때
바라기야 멀리멀리
나 살 듯 살지 마라 하였지

그렇게 안 산다 하고
그렇게 살고 나니 회초리 그립네
봄볕에 봄바람 같은
그 사람 그립다 하니
삭풍에 삭정이
내 마음에 회초리.

겨울새

이러지 저러지 그랬으면 좋을 걸
한 마디 거들다
나의 파랑새 날아가 버리고
겨울은 시퍼렇게 외로워

바람은 벼린 칼날같이 서늘하게
봄이 온다 말하지만
계수나무 방앗간은 보름이라는데
어찌 허리 세우고 달을 보리오

물은 낮은 곳으로 굽이굽이
길은 물 따라 굽어 굽어
달도 보고 해도 보고 모두 다 봤네
겨울에 겨울새 홀로 겨울새.

귀거래사

뱃일은 늘 지진이라
호미로 살겠다고
뭍으로 가며 보낸 편지
"말로 말 섞어 살고 싶으니
어망 대신 호미 들어 삶을 일구리"
열두 해 뭍 생활 잊고 살았는데
고향 바닷가 무인 우체국에는
갈매기 하얀 노래 아직 날고 있을까

가자 가자
"말로 말 섞어 살기 어렵네
호미 놓고 돌아가자 괭이밥 들고"
저 물고기 말이 달라도
이제 다툴 일 없네
말 없는 물에 섞여 말없이 살자니
세상사 따질 일도 없네
흔들리며 피었다 쓰는 시 한 줄.

사행천

천 길 낭떠러지
용감하게 뛰어내린 전사들
바위에 떨어져 몸이 깨지기도 하지만
흙에 스며들어 한 몸이 되네
숲으로 바위틈으로
푸른 계절 오고 가면
구불구불 흘러가는 강
버들치 송사리 품에 안고
백사 한 마리
허물을 벗고 굽어 굽어
먼 길을 가네.

어떤 가불

주린 배 헤진 옷으로
집 하나 가지겠다고
마천루 하늘로는 눈길 거두고
땅만 보고 땅만 파면서
드디어 집 하나 가졌다
산마루 아래 수많은 집들
하나씩 가지고도
사람들은 부르짖어
하늘에 집 하나 가져야겠단다
땅의 집 하나 가지겠다 가졌는데
하늘의 집 가지지 않으면 지옥 간다니
유통기한 임박한 빵 들고
생의 유통기한 재촉 당하는
하늘 아래 첫 동네 산마루 사람들에게
천국의 집.
가불 좀 해 주시지요
하느님.

탈춤 추는 날

처마를 빌려 비를 피하다
하늘 가린 함석이
마루부터 골까지 내린 비를 모아
땅 두드리는 모양을 들었다

건반 두들기는 하늘의 소리가
땅에서 공명하고
맷돌에 갈리는 천둥과
얼굴 벗겨진 천둥이 합선하니
하늘을 조각내는 번개
키 큰 오동이 벌벌 떠는 것도 보았다

처마 아래 몸을 숨겨
숨어도 들킨 얼굴들이
용서하소서, 하소서… 할 때마다
오동은 제 큰 잎으로 처마 삼을 뿐

신이 안식하는 주일은 번개 없다고
탈 하나씩 쓰고 탈춤을 추니
오동아! 흥부 탈 저 저놈
놀부 맞지?

우럭

장마로 텅 빈 해수욕장
바싹 마른 도마에 누운 칼
칼날 위에 파리가 앉아
유리방을 본다

촌각의 목숨이 연장된 우럭은
빼앗긴 바다를 꿈꾸고
한 끼 공양을 꿈꾸는 파리는
칼날 위에서 손을 비빈다.

제 3 부

꼭짓점 포차

당신이 해를 옮길 때마다
나의 몸은 길어졌다 짧았다
때로는 벽을 만나 구겨지기도 하고
강물에 담겨 일렁이기도 합니다

새봄에

마지막 들숨
이것이 마침표일 줄이야

살다 보니 점이 모여
선이 되고
선이 모여 면이 되었네

미장 잘못되어
거칠기 심한 면에
담쟁이 뻗어 허물 감춰지면
회억의 마지막 들숨
날숨으로 푸르려나.

더듬더듬

사랑도 깊으면 병일레라
서녘 지는 해야 내일 또 오련만
의지가지없는 정 간 곳 어딘가

마소간에 마소도 정이 깊은 밤
들창틈 바람에 등은 꺼지고
표류하는 정 찾아 어둠 속을 더듬노라.

뿌리

바람 요동쳐
마른 가지 울어 대는데
낙엽에 덮인 뿌리는
겨울잠 깊네
벗어 덮어 주고
눈물 매운 나무라서
뿌리는 한 뼘 봄으로 가네

털 갈고 허물 벗고
세상은 새 옷을 입는데
껴입기만 하다가 쓰러진 세월
하늘 보니 혼자라 땅 보니 혼자라
마른 가지 지팡이 짚고
이불 한 자락 가져 왔어요
아! 아버지…….

목련화

신전에 흰 기둥
미끈한 다리
우윳빛 웃음꽃은 벙글고
벙근 꽃 매달린 신전은 높아
이러지도 저러지도 못하고
보다가 보기만 하다가
목련은 지고
울다가 웃다가 허기졌던 봄날

치마 속에 갇힌
수줍은 마음
함박꽃 피어도
신전의 여신은 높아
이러지도 저러지도 못하고
보다가 보기만 하다가
목련은 지고
서럽게 서럽게도 허기졌던 봄날
못 이룬 사랑이여.

나의 자리

호수 가장자리
물이 비늘로 얼었다
마지막 움직임이 동결될 때
기록된 비늘은
다시 살아 헤엄치고 싶었나 보다
빙판 위 비늘물결에
화석처럼 굳은
오리떼 부조

호수 가운데
하늘 구름 내려와
나뭇가지 흔들어 노를 젓고
오리는 배를 탄다
가는 듯 마는 듯
살아 멈춤을 추억하는지
멈추어 삶을 추억하는지
물비늘 모호한 경계

맥박 돌아온 오리 몇
푸드덕 자맥질에 배는 하늘을 날고
나의 자리 모호하다.

칠월 밤에

서쪽에 창을 내고
별을 불러 물어볼까
구천도 여기 같아
피서 왔나 물어볼까

하늘로 창을 내고
달에 가서 물어볼까
토끼는 어디 가고
떡메 홀로 누웠냐고.

공감

담쟁이 벽을 오르네
맨발로 오르네
바일도 필요하고
해머도 필요한데
달팽이 촉수 같은 더듬이 손만 잡고
가는 듯 마는 듯 벽을 오르네
이웃의 잡은 손
끌어 주며 끌리며
공감 에너지 벽을 오르네.

난蘭 치는 여자

난 치는 여자 굽혀 세운 무릎에
닿을 듯 스칠 듯 맴도는 향기
빗금 하나 위로 뻗쳐 허공을 나누어
비키거니 걸치거니 몇 촉을 더하더니
묵은 정도 새 정도 농이 은근하구나

꽃 필 날 그리우매 정분에 향이 짙네
그려진 꽃받침에 빗금으로 포개노니
시누대를 닮았구나 하른하른 꽃대야
꽃 질까 바쁘구나 바람길 막아서라
낙관을 찍어야지 암막을 내리거라.

손자

무덥다
갈증에 땀나는 밤
찬바람 만든다고
실외기는 한뎃잠 자고
찬물 만든다고
냉장고는 등짝이 뜨겁다
졸면서 부채 부치시던
할머니의 여름밤
짝짝이 육정.

시간의 뒤란에서

시계에 얹혀
원을 그리던 남자가 앉았던 의자
남루한 모양을 비추는
매달린 흐린 조명
흐리지 않았다면 울컥
울음이 먼저였을 거야

돋보기 끼고
초침의 맥박을 잡던
시계포에 앉은 남자
세계의 시간을 돌리던 한때는
세이코양 롤렉스군 손도 잡았었지만

전자시대 밀레니엄 소비
폐기보다 수리가 낭비였던가
시침이 초침으로 달리는 병실에
남자의 시계는 누웠고

벽에 걸려
마주보는 시계
가냘픈 맥박을 잡고
여울지는 남자를 본다.

물가에 대하여

가을비 내리는 들
여무는 벼가 왼고개 젓네
가을비 내리는 산
분바른 얼굴에 슬픔이 가득하네
배추도 속이 차야 하는데
무도 몸이 굵어야 하는데
감도 이제 익어 가야 하는데

섭리 깨우쳐
순종하는 자연이야
한 몸 머물다 가면 또 오지만
섭리에 거슬러
살아가자는 식탁이야
단풍색 오만 원이 낙엽인 듯 가벼워
왼고개 근심으로 슬픔이 가득하네.

법화경

풍경 소리에 귀 기울이니
비바람 훈수 놓고 가는구나
종루의 목어는 종을 치고
개울에는 도란도란 송사리 노네

산골짝에 설법하는 개울 곁에서
송사리 개울 개울 경을 읽노니
뼈마디 골골 채우고 비우고
비바람 훈수 법화경 소리.

내 마음 가끔

내 마음 가끔 들에 두어라
바람 무시로 드나들고
별이 제집인 양 노는
벽도 지붕도 없는 들에 두어라
햇볕에 몸 맡기고 바람에 풍월 읊어
한 모금 물이면 한세상 그만
가뭄 끝에 비 오고
장마 끝에 볕 드니
풀이면 풀로
꽃이면 꽃으로
세상살이 뭐 그리 서둘 일도 아니네
들에 둔 내 마음
풀처럼 살라 하네
꽃처럼 살라 하네.

그때까지

이 꽃 저 꽃
시들어 지고 지면
언제나 새 순 올라 꽃을 피우리
마른 가지 사이사이로
바람도 길을 나눈
겨울 숲에
새떼마냥 무리 짓는 가랑잎아.

저승길

인생은 훈련 없는 실전인 것을
피 한 방울 흘리지 않은 인생 있으랴
결혼을 두 번 한 이혼도 있고
사랑에 실패한 청춘도 있고
사업에 무너진 가정도 있어
이런저런 상처 받은 영혼들에
얼룩진 핏자국들
잘 지우는 것이 훈련이다네
혼자 가는 저승길
남은 인연들 힘들지 않게
잘 준비하는 게 훈련이다네
여보게
저승 가는 경험 없는 길
병원비랑 약값은 챙겨 두었는가
홀로 남을 옆지기 노후도 챙겨 두어
자식 살림 따라
이 병원 저 병원 기웃거리며
돈에 구박받아 힘들게 마시게

심장이 멈추면
소생술 처방 마라 살아 각서도 써서
실전에 피 흘리지 마시게
똥오줌 받아내며 고뇌를 할 자식
이 시대에 없겠지만
호흡기 뗄까 말까 고민케 마시고
몇 푼 남겨 장례를 보고 가시게.

봄동

잔설 남아 있는 입춘 날
봄밭에 아내
무서리 찬바람에 살 오른 봄동
소쿠리 한가득 담았다
봄똥이라 읽히는 겨울 향
탄탄한 섬유질 향긋함이
식탁에 올랐다

굵어진 손마디 잔잔한 주름
매운 시집살이에도 잘 삭은
집 된장에 봄똥 찍어 건네는 아내
세월 주름잡다 주름 잡힌
동지 보내고 입춘한
봄동 같은 아내 향에
음~.

바리새인

베토벤님
소리가 없는 당신의 세계에선
빛을 읽어 월광의 소나타가 연주됩니까
헬렌 켈러님
빛도 소리도 없는 당신의 세계에선
무엇이 세상의 울림이 되게 하였나요
스티븐 호킹 박사님
날개 없는 루게릭 휠체어에 앉아
우주의 신비를 밝힌 의지는 무엇입니까

소리와 빛을 가지고도
육신의 건강을 가지고도
부요한 이유로 깨우치지 못하고
사색 없음으로 한 줄의 글이 어려운 우리들은
수화를 배우기도 흰 지팡이를 짚기도 하며
우쭐한 비교로
선한 사마리아인을 흉내 낼 뿐이니
족쇄를 풀지 못하는 우리들 이름은
바리새인 입니다.

봄날 하루

봄버들은 물이 올라 바람을 희롱하고
지지벳 지지배배 종다리는 흥겹구나
만물은 짝을 맺자 속삭대는 이 봄날
냉이는 살이 올라 달래는 향이 올라
아낙의 숙인 등 온종일 봄볕이 앉네

서탁에는 명심보감 선비는 어딜 갔나
수염은 석 자라지만 봄날은 열두 자라
가파르다 채마밭 아지랑이 파종하네
고라실 초가마당 삽살이는 종일 종일
병아리 희롱하다 어미 닭에 쫓기다가.

반송된 택배

야생의 습성을 길들인
들의 생명
골판지 상자에 담아

대지에 입 맞추는 농자
천하대본이란 말도
덤으로 담아

오천 원도 안 되는
천하지대본
오천 원 선불로 보낸 택배

반송된 택배에
유기된 천하지대본
싹튼 눈도 덤으로 왔다.

꼭짓점 포차

당신은 해를 두고
각도를 재고 있고
나는 당신을 두고
각도를 재고 있으니
나는 꼭짓점이 당신인
당신의 그림자입니다
당신이 해를 옮길 때마다
나의 몸은 길어졌다 짧았다
때로는 벽을 만나 구겨지기도 하고
강물에 담겨 일렁이기도 합니다
해 저문 밤
사라진 그림자
백열등 아래 술잔에 담겨
술잔을 바라보는 나를 봅니다
내가 나를 만나는
이곳은 꼭짓점 포차
들썩이는 천막 아래
그림자는 여러 개

비워진 술병은 눕고
나는 꼭짓점 잃은 각도기로
술잔에 그 이유를 묻습니다.

스치는

떨어지는 낙엽같이
눈 한 번 깜작할 새
한 해가 가네
저 낙엽을 이별이라 불러도
다시 봄이 올 것을 믿어
대지의 품에
젖줄을 내린 생명들

스쳐 지나간 수많은 이별
다시 만날 수 없는 인연
향을 놓고 연기를 빚어
낙엽 바스라지듯
대지의 품을 빌린
눈 한 번 깜짝할 새
스치는 인연들.

분재

만고풍상 풍진 세상
철삿줄에 목이 매여
곱사등도 여러 번
팔 꺾임도 여러 번

열두 장 신신파스
마디마디 올라앉은
어머니 한세상은
풍진 세상 만고풍상

꽃 피어 좋던 시절
검버섯 피고 나니
풍상이야 풍진이야
만고의 꽃이어라.

석수의 허파

산 자의 염원으로
죽은 자를 기록하며
지워지지도 부서지지도 마라
지구의 뼈마디 잘라 내어
정을 대고 망치질 한다
숨겨진 얼굴을 불러내는
석수의 작업실에
뼛가루 날리면
부처 되고 마리아 되고
의거 탑에 어린 학생
충혼탑에 육해공

뼈를 깎으며 마신
가루기침 뒤로하고
부활한 염원에게
오역된 번역은 없는지
정과 망치를 들고
보고 있는 석수의 허파

세상에 석상 하나 세우는 것도
석수의 혼이라고
돌가루 마시다 돌이 된
창백한 얼굴
쿨럭대는 석수의 허파.

연리지 비익조

법어에 눈을 씻고 독경에 귀를 열어
솔향기 살을 섞는 바람을 보자 하니
연리지로 비익조로 도솔천에 보리심에

아
상사화가 피었네.

제 4 부

누가 주인인가

저 공원의 빈 벤치
너는 이슬로 나는 단풍으로 앉자
이슬이 홀로면 새벽이 어찌 오리
단풍이 홀로면 가을이라 하겠니

귀로

새총에 고무줄 당겼다 놓으면
다쳐 우는 한 마리 새
아침마다 하나의 돌이 되어
새총에 얹혔다
모두가 새를 겨누며
고무줄에 돌이 되어 팽팽한
하루가 모인 한 달
한 달이 모인 일 년들을
세월이라 흰머리 퉁 치면
느슨해진 고무줄
사라진 과녁에
비로소 해방구에 앉는다
바람 쓸쓸한 늦가을 벤치에
맥박 식은 낙엽처럼
천상병 시인처럼
구겨진 시집처럼
새도 돌도 구별 없이.

줄탁동시

저 입술도 예쁘고
요 입술도 예쁘고
봄볕에 한 바구니
매화다 산수유다
온 땅에는 봄나물
누구 먼저 입 맞출까
가득가득 바구니에
화살처럼 쏟아지네
신기전의 봄 햇살.

문워크

이빨이 흔들리니 고기가 질기고
눈이 침침하니 책이 멀어지고
귀가 어두워 말이 멀어지니
도통했다 무위자연 풀에 비빔밥

중력의 법칙을 흔들고
인력의 법칙도 흔들고
관성의 법칙도 깨뜨려
평탄 길에 고관절 문워크.

부엉이 바위

사람 사는 세상으로
길을 내신다던 임은
아리랑고개 넘다 말고
지팡이 놓아 버린 이유는 뭡니까
내던 길 마다하고 놓아 버린 지팡이
울자 하면 울어라 하고
분을 내자 하면 내라 하던
임의 지팡이 짚고 상주가 되니
혼자 가는 임의 길에
촛불이 별처럼 빛나고
촛농이 은하처럼 흐릅니다
그래도 참지 그러셨어요
사람 사는 세상은
같이 사는 세상이라며
모난 돌이 정을 맞는다 해도
진리는 진리 정의는 정의라던
임 목소리 없는 세상
이제는
부엉이 눈 감은 밤입니다.

신의 침묵

포도나무에 열매가 맺지 않고
감람나무에 소출이 없고
무화과에 잎새가 피지 않습니다
밭이 마르고 논이 갈라지고
하늘이 검고 까마귀 어지럽고
바다가 요동치고 산이 끓어 넘치니
들과 산과 바다가
놀이공원 바이킹처럼 회오리칩니다
사람들이 독수리같이 사납지만
먹을 것도 입을 것도 잠자리도 없습니다
심령이 가난한 자 천국이 저희 것이라 하셨으니
그 말씀 믿고 매일매일 이 땅에서
사십 명의 생명이 자살을 하는지요
진리에 배신당하고 가난에 지치고
사랑에 굶주리고 병고에 시달리다
이런저런 이유로 땅의 질서를 떠납니다
매일 사십 명의 사람을 보내고 남은 사람들
그러다 마지막에 남을 사람들

그것이 진정 신이 축복하는 메시지입니까
그들을 위해 신은 재림하신다 하였습니까
궁휼하신 신이시여.

소꿉살림

아지랑이 무지개로
가는 겨울 오는 봄날
개울도 다릴 뻗어
천리 길 길을 가네

들 냉이 하늘 종다리
대청마루 섬돌에는
소꿉놀이 들풀 밥상
누나는 오매 나는 아배요.

제행무상諸行無常

여름은 얼마나 아픈 계절이냐
단색의 옷을 입은 하나의 깃발
질주하는 푸르른 함성
오직 열매를 위하여
비바람에 넘어지고
목마름에 시달리며
가 보지 못한 가을로 가는
아! 여름은 얼마나 아픈 계절이냐

가을은 또 얼마나 슬픈 계절이냐
무궁화 꽃 피고 지고
너는 너대로 나는 나대로
살아남았노라 색색의 목소리로
낙엽으로 스러지면서
아프게 푸르렀던 함성 회상하니
단풍이 곱다 하여도
가을은 또 얼마나 슬픈 계절이냐.

소풍

화관을 벗어 놓고 은발머리 풀어 흔들며
늦가을 고운 볕에 어깨동무 어딜 가느냐
바람에 호미 들고 창공 푸른 밭을 가노니
날 찾다 없거든 저 하늘 소풍 갔다 하여라.

하늘나라 입국 심사

빈 지갑 서러움 만날까 봐 두려워
허리통에 관절통 노동판에 근육통
지갑의 아우성 아귀 같은 식탐에도
혼밥에 도시락 해진 옷에 곱추잠

한세상 고난의 삶 덧없다 마침표
낙관을 찍자니 걸음걸이 비틀비틀
뒤돌아 남은 길 마음은 마다하나
배곯고 모은 돈 그 정성 무상하네

친구여
살아서 자린고비 소금찬에 깡소주
못 해 본 세상 구경 저승서는 해야지
하늘의 입국 심사 이 지갑 가져가게.

팽목항

떠날 수 없어 남은 이름
허공에 있으니
오늘은 토끼모양 구름 되어
아버지랑 키재기 할까
심통 난 바람 되어
어머니 허리춤에 매달려 볼까

꽃을 보내고 푸르러 가는 산아
나비는 다녀갔느냐
들 가운데 일어서는 봄아
여름으로 가을로 네비는 찍었느냐

허공 가로질러 오가는
새야 나비야
곡예하는 비행의 이유가 무엇이냐
거기 어디 머무는 아이 있어
황급히 변침을 하느냐
그 아이 이름이 뭐라고 하더냐

삼라만상 모든 것들이
이름 잃고 흐느적거리는 세월에
산 사람은 살아야지 하는 말
자꾸만 자꾸만 복받치는 서러움
미안하다 아이야
미안하다 미안해.

— 2014년 4월 17일

서산 제 일봉

적멸보궁 불단에 부처가 안계시네
오색단청 내쳐 달린 처마 저 너머

화공이 놓은 붓 부처가 잡으셨나
일필휘지 온 산이 단청이네

부연 밑 풍경은 바람에 돛을 걸고
댕그렁 댕그렁 목어는 노를 젓네

불이문 기웃대는 서산 제 일봉
비질 고운 절 마당에 경배를 하네.

누가 주인인가

저 공원의 빈 벤치
너는 이슬로 나는 단풍으로 앉자
이슬이 홀로면 새벽이 어찌 오리
단풍이 홀로면 가을이라 하겠니
한 줄기 바람으로야
어찌 계절의 마차를 끌 수 있겠니
청자색 도포를 벗어 걸치고
산은
곱게곱게 늙어 단풍이 좋구나
새벽이슬로 살찌우며
새 나비 그늘을 만들어 주다
화장 한번 못 해 본 갈잎
갈잎도 늙으니 산단풍 되는구나
켜켜이 단풍은 쌓이고
서풍은 채찍질 가을을 재촉하네
종종종 종종걸음
낙엽도 앉았다 가는 벤치
계절이 주인인가.

고드름

고드름 연필은 지우개가 없어요
오동통 밥을 먹고
공부를 하면
처마 아래 마당이 받아 적지요

고드름 몽땅 연필 다 닳으면요
산수유 매화나무 살이 올라요
봄마중 아지랑이
온 동네에 입학을 해요.

미로

해는
얼굴 붉어
어둠으로 가는데
기러기 쌍을 지어
어둠 따라 가는구나
나무는 생의 조각 떨구며
행장을 가벼이 하는데
나의 자벌레는 어디서
내일의 꿈을 재고 있는지
포장마차 천막도
등을 들썩이는 이 밤
안팎의 내가 만나
가로등 밤비에
살을 섞는데
너는
어디로 간 거니
어디로…….

바코드 열세 자리

나의 바코드 주민번호
전반 여섯은 출고 연월일
후반 일곱은 생산지 이력이라
플래티늄 카드로 결제하는
지폐 없는 세상 살면서
지폐를 벌기 위해 스캔 중이다
허상의 수가 실상이 된 디지털 시대
허수아비도 해진 넝마를 벗고
비단옷에 팔 벌린 문명의 추수
나도 허수의 아비가 되어 스캔.
끼잉
"판독이 되지 않습니다 창구로 문의하십시오"
MRI 처방을 받고
열세 자리 바코드 외어 보는
종합병원 6인실.

미납 고지서

무인 단속에 걸린 고지서
비대면 처벌이라 무심했었지
신호 속도위반이라는데
고지서는 기계가 정확하다 하고
수취인은 기억이 없다 하네
고집스런 대항 끝에
네 바퀴 기계 생을 마쳤으니
이제는 끝이리라

위반은 사람이 했다 하고
수취인은 죽은 기계가 했다 하고
고지서에 잔뜩 살이 붙어 왔네
미납하고 보내 버린 것들로
수납 못하고 떠나온 것들로
너덜너덜한 대면고지서
비대면 시대에
모처럼 반가운 대면고지서.

팽목항 이야기

미역을 키우는 조합장은
“내 배에만 실어도 오십은 실었소”
전복을 키우는 도민이는
“진돗배는 몽땅 세월 건지러 안 갔습디여”
술은 쓰고 국밥은 자꾸 식는다
“우째 뛰어내리라 안 했는가 몰라”
“모여드는 배 다 막고 해경 배는 왜 멀뚱했는지 몰라”
“한두 시간에 가라앉은 것도 아니고 이기 뭔 조환가 했습뎌”
“누가 그라데. 소풍 가다 사고 난 거 가지고 너무 울거 먹는다꼬”
“씨불놈 저거 집 불나면 소방차부터 탓할 놈이”
“야들이 바다로 뛰어들기만 했으면 하나도 안 죽었어야”
토렴을 하며 살코기 몇 점 보태다 주모는
“방송에 안 나왔디요. 육해공 나서서 전부 건져 냈다고”
“미친놈”

데워진 국밥처럼
따스한 숨결로 건져 내리라고
노랑나비 수만 마리 그려 놓고는 오늘도
건져 내지 못한 심장 찾아서
무기력한 술잔을 기울이고 있다
그날은 어이없어 마셨고
오늘은 어이없이 마신다
부러진 다리로 강남 다녀온 제비는
욕심에 벌주고 베품에 복 준다던데
송홧가루 노란 오월 현기증
날개 젖어 날지 못하는 나비야 노란 나비야
내 갈 길 막아선다고 네가 왔구나
기울어진 술잔에 하늘도 노란데
방파防波에 묵묵默默한 이 미친 세월아.

– 2021년 6월

내가 더 행복해

물길을 주지 않고
깊은 산은 없다
마음을 주지 않는
큰사람은 없다
물길 찾아 뿌리 뻗고
마음 만나 의지하며
함께 사는 세상
깊은 산에 나무 크고
큰 사람 곁에 사람 모여
산을 지키고
세상을 지키니
물길 마음이 세상 뿌리네
내 마음 물길 돌려
너에게 주니
웃는 너보다 내가 더 행복해.

옹헤야

결 고운 백토 앞에 토기장 되면
옹기로 빚을까 다기로 빚을까
배냇짓 어린아이
꼬물꼬물 몸 돋움아
복사꽃 피어 봄이 익으면
이제 곧 열매 튼실 여름이란다
아어 어절씨구 옹헤야
저절씨구 옹헤야 해야해야 옹헤야

달리면서 보자 했던
못 보았던 부귀영화
걸으면서 보았네 멈춰 서서 보았네
흥을 내자 옹헤야 해야해야 옹헤야
어린아이 무등 태워
징검징검 징검돌로
어절씨구 옹헤야 저절씨구 옹헤야
꼬물꼬물 옹헤야 꽃이 핀다 옹헤야.

상소문

아비를 아비라 부르지 못하는 세상
반상의 격은 달리하면서
어찌 침상의 격은 같이 하자 하십니까
부자에 기대어 가난이 살 수 없는 세상
가난은 부자의 든든한 뿌리가 아닙니까
어찌 가난을 더 굶기며 같이 살자 하십니까
조국을 조국이라 부르고 싶고
배곯지 않고 싶어 하는 사람의 기본권
조금이라도 주장하면 깜냥 없는 것입니까
일일 고용 계약서를 아침마다 쓰다가
이것이 옳은 일이냐 물었다고
해고 통지서를 손에 쥐게 된 세상의 서얼
이웃이 가난에 굶주려 살 수 없으면
도적 되거나 강도 될 수밖에 더 있습니까
반지하에서 시작하던 희망의 포기가
건강한 청춘에게로 옮겨 가고 있습니다
출애굽의 하나님 노아의 하나님

조국을 조국이라 부르지 못하고
헬조선이라 부르는 젊은 아이들
오늘도 시간제 기간제 파견 계약직
세상의 도피성 방주 찾아 힘이 듭니다.

이랑에 농심

봄날 하루해 길다 하지만
김 오르는 이랑보다 길겠소
하루해 길어 배고프다 하지만
이랑에 무뎌진 호미날에 비하겠소

서산에 걸린 해 재촉하는 박명에도
이랑에 굽은 등 펼 줄을 모르시니
대지에 의지하여 씨를 심는 이 봄날
농심에 땀 향기 아지랑이 아롱아롱.

헌 집 줄게

그늘 짙은 인삼밭
음기를 먹고 사는 삼은
양기를 찾는 사람의 보약
검은 장막 아래에
삼들이 산다
한 주가 멀다 하고
살균제 살충제에
튼튼하라 영양제다
겹마스크 뜨거운 날숨에
뿌옇게 흐린 삼밭의 그늘
약대 품어 나온 농약에
뛰어나온 청개구리
벼락 치는 농약에
몇 날을 몸을 긁었는지
헌 집 줄게 새집 달라
두꺼비 꿈을 꾼다
모서리 너덜한 사진첩 속에는
양기 빼앗긴
벼락 맞은 내가 있어.

술김에 혁명

밀주 놓고 밀담 나누니
벗이여 밤이 깊도다
지금에야 어디에도 그 밤은 없다만
열두시 꼭지에 사이렌 울고
야경의 막대기 골목길 돌던
허물도 익고 익어 의리가 되던
자정의 통행금지 자유 시간 네 시간
술잔에 띄운 잡담 귀 열다 보면
잡담도 익고 익어 밀담이 되니
벗이여
이 밤에 무슨 혁명을 할까
대숲에 들까나
동백을 취할까나.

팜므 파탈

나의 결박을 풀어 다오
교양도 사색도 다 풀어 다오
모든 문자를 없애고 오직 그녀의
노래를 듣고 춤을 보게 해 다오
아름다운 요정이여
당신의 품에서 단 하루로
나의 영혼은 영 시들어 가더라도
기름진 너의 문자 가운데
해방된 너의 향기 깊은 맛에
나 말 없는 존재 되려니
나의 결박을 풀어 다오
신도 입을 다문 현란한 유혹
TV 앞에서 나 무릎 굽히리

"말이 철철 흘러넘치는 거실에 앉아
우리는 모두
아무 말이 없었다."

장마

장마가 오면 개구리 운다
어머니 무덤 장마에 쓸리면
마지막 딱 한 번 효도라고 했는데
개구리 가슴에 긴 장마가 온다

생일상 혼자 차려 드시던 어머니
제사상 산해진미 수저를 엇다 걸지
죽어 받는 효도에 어머니는 장마다
장마에 운다 내 이름은 청개구리.

제 5 부

오월의 기도

찬란한 부활의 계절을
잔인한 사월이라 노래한 시인아
피지 못한 꽃망울 떨어졌으니
이 계절 뭐라 해야 하느냐

이슬

다비 치러지고 불기운 사라진 숲
까치 소리 싱그럽다
물 사리 송글송글 지천인 새벽

사리 굴리는 연잎을 보았네
생사 하나로 미소를 받들고서
작은 우주를 굴리고 있네.

웨딩

흙으로 빚고 불에 구워
종지 되고 옹기 되고
학을 품고 산수를 품어
청자로 백자로 가보가 되듯
신이 빚은 흙의 자손아
종지 옹기 청자 백자
뿌리는 하나이듯
파뿌리로 흙이 되는 날까지
행진곡에 걸음을 맞춰
잘 살아라 예쁘게 살아라
아들 놓고 딸 놓아
잘 키워 대를 잇고 손주를 보며
잘 살아라 예쁘게 살아라
누가 추억하자 하거든
맑은 물 푸른 산에 학이라 하여라
살아생전 옹기 종지 밥그릇
더운 밥상이 제일이다 하여라.

오월의 기도

가을을 보내고
알몸 드러낸 들이
무량의 고독을 묵상하며
겨우내 희망을 노래했는지
드디어 봄이 왔구나

찬란한 부활의 계절을
잔인한 사월이라 노래한 시인아
피지 못한 꽃망울 떨어졌으니
이 계절 뭐라 해야 하느냐

물꼬 막은 논배미마다
푸른 벼 고개를 내미니
생명이라는 것이
말 없는 계절을 눕혀 놓고서
눈물에 가슴을 묻고서야 피어난다면
차라리 겨울로 다시 가련다

멱이 잡혀 숨 가쁜 맹골의 수로에
무슨 안식이 있겠느냐
용궁 간 토끼 이야기
똥그란 눈으로 귀담아들은 아이야
두고 온 엄마 아빠 같이 오마고
용왕님께 아뢰고 어서 오너라

죄인 놓이고 매달린 십자가 어린양
광포한 바다 밑 세월에 갇혔으니
바다가 땅이 되고
땅이 바다가 되지 않고서야
무슨 염치로 밥술을 뜨느냐.

– 2014년 4월 16일

와불

와!
불佛이 누웠다
와불臥佛 일어나면
새 세상 열린다고
누운 불 둘레
연등 들고 맴도는
연꽃 같은 보살들
와! 불이다
벌떡
일어나요 미륵불.

이유

어망 들고 산에 가랴
괭이 들고 바다 가랴

철새라 부르지 마라
맹모삼천 집 찾는 중이다.

요람에서 무덤

요람에서 무덤까지
함께 가는 해야 달아
인사가 늦었구나
은하 흐르고 별꽃 어여쁜
배경이 겸손한 밤아
너에게도 인사가 늦었다
내 인생의 점괘는 어긋나고
사랑 사라진
헛헛한 지금에서야 인사를 한다
신은 나에게 자유를 주고
나는 신에게 구속을 받아
사라진 어긋난 내 시간들
이제 이렇게 용서를 비네
주연에서 내려 배경이 되겠네
사랑한 이유로 등 돌려 떠난
모든 이름들을 부르겠네
부르고 불러 체중 내리면

해야 달아
무덤에서 요람노래 부르겠네
또 하나 별이 피겠네.

자벌레

촌각의 쉼도 없이
일보일배一步一拜
꼬리 당기어 단전에 놓고
머리는 하늘로 경배
회녹색 장삼 펄럭이며
소리보다 빠르고
빛보다 빠르구나
하늘 경배한 자벌레
한 자 앞에 머리 놓고
오늘도 영차
영차.

누구나 아는 어려운

보물 찾았네
넥타이 풀고 매고
허리띠 구멍 늘려 가며
찾다찾다 못 찾은 보물
마음에 있었네
버려라 내려놓으라 경에 있던 말
탐진치 삼독이었네
바람에 수저 걸고
물결에 옷 다리면
마음이 가벼워 풀씨 같다니
그렇게 영영 깨우치면
바람도 물결도 없는
무소유가 있을 거야
사람아
이게 무슨 비밀이라고.

저승 고스톱

이 나라에 아쉬움 남겨 두고
먼 나라 이민을 간 자네
그 아쉬움에 내 이름도 있는가
나는 남아 이가 흔들리는데
자네 이름은 그곳에서 뼈가 굵은가
나의 마음에 아직도
싱싱한 은어 같은 자네
오늘은 꼬리 흔들며 어디 가시나
뒤따라 나서면 늘 술자리 번잡터니
오늘은 손사래 왜 치시는가
그 나라 살기 어떤가 기별도 없어
길 가는 까마귀 불러 물어보았네
염라국 비서실 직원들 앉혀 놓고
노름판 판돈 싹쓸이하고
개평 퓨퓨 나누어 주면서
남겨 두고 간 이름 하나하나
명부에서 지우고 있다니
이승이 저승보다 낫다고 내 이름도 지웠나

일전 폐에 물이 차 죽다가 살았다네
이제 임플란트 이빨로 갈비도 뜯는다네
까마귀 말 믿자면 그곳도 살 만한 듯해
자네 따라 나서자는데
오늘따라 수박향기 왜 이리 진한가
흔드는 손사래에 물결이 이니
오늘은 은어 낚시 가는가.

동박새

동백기름 자르르 쪽진 머리에
은비녀 가로질러 새하얀 귀밑
가녀린 모가지 솜털이 송송

동박새 다녀간 밤
떨어진 꽃잎
핀 자리보다 어여쁘다
동백 진 자리

선운사 동백꽃밭 동백이 지면
가녀린 모가지로 꽃대가 올라
서럽다 짝사랑 상사화 피네.

* 동백꽃은 동박새를 불러 수정을 하고는 바로 진답니다.

화왕산 억새

바람이 큰 붓으로 능선을 그리면
억새는 생명을 얻은 바람의 꼬리
은빛 갈기로
우루루 흐르는 지상의 한낮 은하

억새 흐르는 늦가을 화왕산
단풍 아니라도 예쁘기만 하구나
흰머리 풀어 은하에 감으니
햇볕도 내려와 물장구 춤추네.

지수화풍地水火風

지수화풍 한 몸으로
터 주고
먹이 주고
씨를 익히어
바람을 주면
흔들흔들
송이 꽃이 피네

바람은 꽃을 흔드네
꽃씨는 바람에 날리네
꽃 지네
꽃이 지네
지수화풍 다녀가니
흔들흔들
한 삶을 더하네.

도피성

걸터앉을 지게 없어
마음의 심지만 담금질하는 정월 초
흑백사진의 아버지
다문 입술 나도 닮았네

호롱에 심지 불마냥
출렁이던 지게에 앉아
할아버지 동화로 잠을 쫓던 날들
이제는 안개 속의 기억

머릿속 헐렁이는 잡티를 걷어
의지가지없는 정을 지게에 앉히니
뒷마당 대숲 스쳐 가는 바람아
겅중겅중 강 건너 앞서 가는가.

제일 긴 여행

머리가 무거워
흔들리는 가을은
머리를 비우고 간다
별도 바람도 떠나는 들에는
이별도 축제이어라

가슴 답답해
머리를 정리하는 시간
여행을 간다
세상 제일 길고도 긴
머리에서 가슴 가는 여행 길.

광어와 도다리

눈이 왼편이면 광어
오른편이면 도다리
입은 삐뚤어도 할 말은 한다고
좌익이다 우익이다 손익 다투다가
죽어서야 하는 말 우리는 흰살 생선

도마에 눕기 전에야
광어다 도다리다 말이 달라도
주방장 벼린 칼 뼈를 노릴 때는
납작 항복하더니
무궁화 깃봉 아래 벚꽃을 피우자네

용궁이 백두 되고 백두가 용궁 되어
세월 뒤집어지던 날
산목숨 죽은 목숨 구분이나 있었나
코로나로 우왕좌왕 뒤숭숭 세월에도
살자면 살았을 때 바른말 해야지.

깃발

깃대에 매달린
맹렬한 바람이여
바람에 매달린
깃발의 함성이여

누구의 이념인가
부르르 부르르
몸부림치는 저 소리

깃발은 깃대 끝에서
바람의 언어를 쓰며
맹세를 요구하는데

계절풍 회오리에
요동치는 깃발이여
변절하는 생존이여.

지평선 축제

하늘의 말씀에 밑줄을 치고
김제 만경 너른 들 가부좌 명상

일필휘지로 채색된 지평들에
참새풍년가 허수아비 비단옷.

비밀번호

아버지
두고 가신 통장 비밀번호 무엇인가요
입출금 없던 일 년
사탕은 무슨 돈으로 사서 드셨나요
생명 없으면 없었을 세상
못 가 본 저 세상
세상은 있던가요 어떤가요
이럴 줄 알았다면
통장의 잔고 털어
저 세상 가신다고 가실 때에
사나흘 더운 밥 짓고
구경도 할 걸
아버지
부지런히 예금하여 다 못한 효도
통장째로 드릴 테니
찾아 맘대로 쓰세요
빛도 아끼고 바람도 아껴
오늘도 눈물밥 한 그릇 예금했어요

소복한 눈 산수가 좋아
오늘도 한 폭 풍경을 예금했어요

아! 이놈아
비밀번호가 뭣이여.

깡촌

절로 절로 살아지고
절로 절로 사라지는
깡촌에서는
가재는 목욕을 하고
벌은 꿀을 만들지
꿀 한 술 입에 넣고
가재가 된다면
절로 절로 흥이 나겠네

나 마냥 이대로라면

절며 절며 살아가다
절로 절로 사라질 테니
깡촌에 가겠네
거미줄로 집을 엮어
나뭇가지 걸어 두고
별빛에 도화지
개울물로 악보 그려
절로 절로 노래하겠네.

실어증

후미진 곳
길고양이 운다
후미진 저 울음은
기억을 감춘다고
목젖을 누른 탓이리라
밤새 이불 속에 뒤척대는
토막잠 다독인 뒤
꼬물꼬물 새끼를 품은
어미의 퀭한 눈

너도 커서
나중에 너 같은 새끼 낳아 봐라
말은 그래도
새끼 허물 감춘다고
어머니 퀭한 눈
구름에 달같이
토막잠 다독이다
얻은 실어증.

금강산도 식후경

동안거 끝나니
뼈와 살이 하나로다

빈부와 귀천도
주린 배 되고 나면

하늘 향해 귀 열고
대지에 입 맞추지

동안거로 하안거로
산사의 깊은 골

낭랑 독경에
공양 식후경.

그 음악을 들으면서

바닷가 찻집 창가로
기다림의 탁자를 닦는
파도 따라 들어온 햇빛

다녀간다는 사연
잘린 나이테 위에 새겨져
스쳐 지나간 이야기
빈 탁자에 가득하다

황혼 그림자에 속절없는
조명 없는 발자국
재촉하는 걸음걸음
공명하는 파도의 되새김

철썩
쏴아
널 때리고 내 가슴 긁은
분별없던 시절이여.

물 같은 사람아

마른 갈대 서걱대는
볕 좋은 뚝방 길에
봄나물 삐삐 고개 내미네

물은 흐르는지 모르고 흐르고
세월은 물같이 흐르는데
세월에 훈수 놓는 물 같은 사람아.

정지홍 시집

하늘의 말씀에 밑줄을 치고

초판 인쇄 2022년 10월 20일
초판 발행 2022년 10월 25일

지은이 | 정지홍
펴낸이 | 김효열
편　집 | 이미정

펴낸곳 | **을지출판공사**

등록번호 | 1985년 2월 14일 제2-741호
주　　소 | 서울시 마포구 양화진길 41, 603호
우편번호 | 04083
대표전화 | 02) 334-4050
팩시밀리 | 02) 334-4010
전자우편 | ejp4050@hanmail.net

값 15,000원

ISBN 978-89-7566-218-8 03810